Addition and Subtraction 1-10

Gr. 1-2

Published by
Frank Schaffer Publications®

Table of Contents

Addition to 4 3–5	Addition to 8 19–24
Subtraction to 4 6–7	Subtraction to 8 25–28
Addition to 5 8–10	Addition and Subtraction to 8 29
Addition and Subtraction to 5 11	Addition to 10 30–38
Addition to 6 12–15	Subtraction to 10 39–43
Addition and Subtraction to 6 16	Addition and Subtraction to 10 44–45
Subtraction to 6 17–18	Answer Key 46–48

Editor: Sara Bierling

Frank Schaffer Publications®

Printed in the United States of America. All rights reserved. Limited Reproduction Permission: Permission to duplicate these materials is limited to the person for whom they are purchased. Reproduction for an entire school or school district is unlawful and strictly prohibited. Frank Schaffer Publications is an imprint of School Specialty Publishing. Copyright © 2006 School Specialty Publishing.

Send all inquiries to:
Frank Schaffer Publications
3195 Wilson Drive NW
Grand Rapids, Michigan 49534

Addition and Subtraction 1–10—grade 1–2
ISBN: 0-7682-3511-1

1 2 3 4 5 6 7 8 9 MAZ 10 09 08 07 06

Name _____   Date _____

Skill: Sums 1, 2, 3

Bugs, Bugs, Bugs!

Color the bugs below. Use the Color Code.

Color Code

1—red
2—green
3—yellow

Published by Frank Schaffer Publications. Copyright protected.   0-7682-3511-1 Addition and Subtraction 1–10

Skill: Addition to 4

Name _____   Date _____

Singing Pigs

Add.

1. 1
   +3
   ___

2. 1
   +1
   ___

3. 2
   +2
   ___

4. 1
   +2
   ___

5. 0
   +1
   ___

6. 0
   +2
   ___

7. 4
   +0
   ___

8. 0
   +0
   ___

9. 2
   +1
   ___

10. 3
   +0
   ___

11. 0
   +3
   ___

12. 1
   +0
   ___

13. 3
   +1
   ___

14. 0
   +4
   ___

15. 2
   +0
   ___

Published by Frank Schaffer Publications. Copyright protected.   4   0-7682-3511-1 Addition and Subtraction 1–10

Skill: Facts to 4

Name _____ Date _____

Twice as Mice

Find the sums.

1. 1
   +3
   ___

2. 1
   +1
   ___

3. 2
   +2
   ___

4. 0
   +1
   ___

5. 1
   +0
   ___

6. 0
   +2
   ___

7. 2
   +0
   ___

8. 0
   +0
   ___

9. 1 + 2 = _____

10. 2 + 1 = _____

11. 1 + 3 = _____

12. 3 + 1 = _____

13. 0 + 4 = _____

14. 4 + 0 = _____

15. 1 + 1 = _____

16. 2 + 1 = _____

Name _____ Date _____

Skill: Facts to 4

Subtracting Suns

Count the suns.
Write the problem.
Solve the problem.

1.

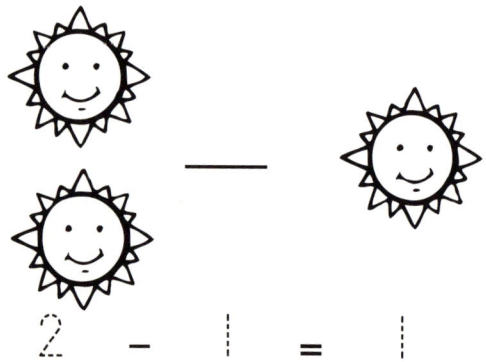

2 − 1 = 1

2.

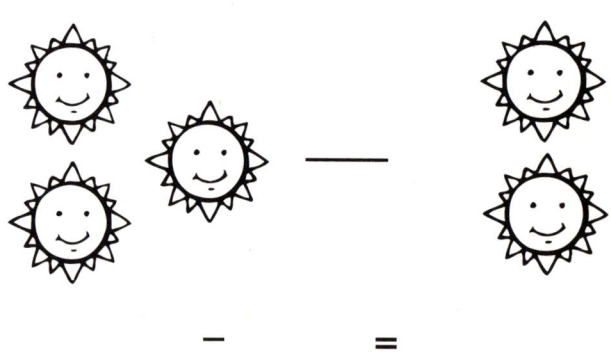

____ − ____ = ____

3.

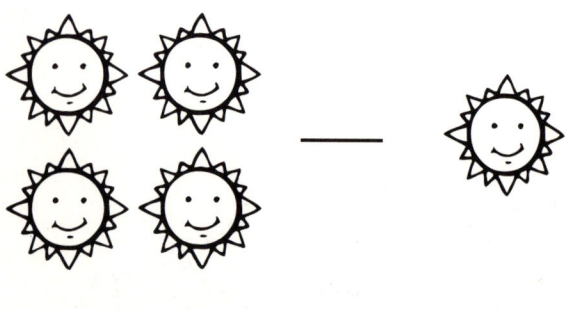

____ − ____ = ____

4.

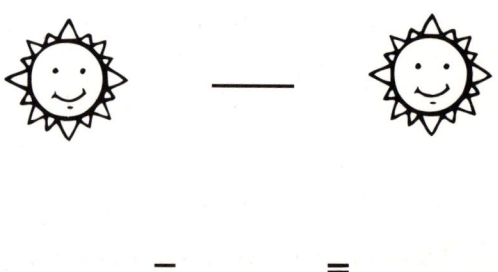

____ − ____ = ____

Skill: Subtraction to 4

Name _____ Date _____

Playtime

Subtract.

1. 4   2. 2   3. 4   4. 3   5. 1
− 1   − 1   − 2   − 1   − 0

6. 2   7. 4   8. 0   9. 3   10. 3
− 0   − 4   − 0   − 2   − 3

11. 3   12. 1   13. 4   14. 4   15. 2
− 0   − 1   − 3   − 0   − 2

Published by Frank Schaffer Publications. Copyright protected.   7   0-7682-3511-1 Addition and Subtraction 1–10

Skill: Sums through 5

Name _____ Date _____

Blast Off!

Add.

1. 1
   + 4
   ---

2. 3
   + 1
   ---

3. 0
   + 5
   ---

4. 3
   + 2
   ---

5. 4
   + 0
   ---

6. 2
   + 1
   ---

7. 2
   + 3
   ---

8. 1
   + 1
   ---

9. 2
   + 2
   ---

10. 3
   + 0
   ---

11. 0
   + 1
   ---

12. 5
   + 0
   ---

13. 0
   + 0

14. 4
   + 1
   ---

15. 3
   + 2
   ---

16. 2
   + 2

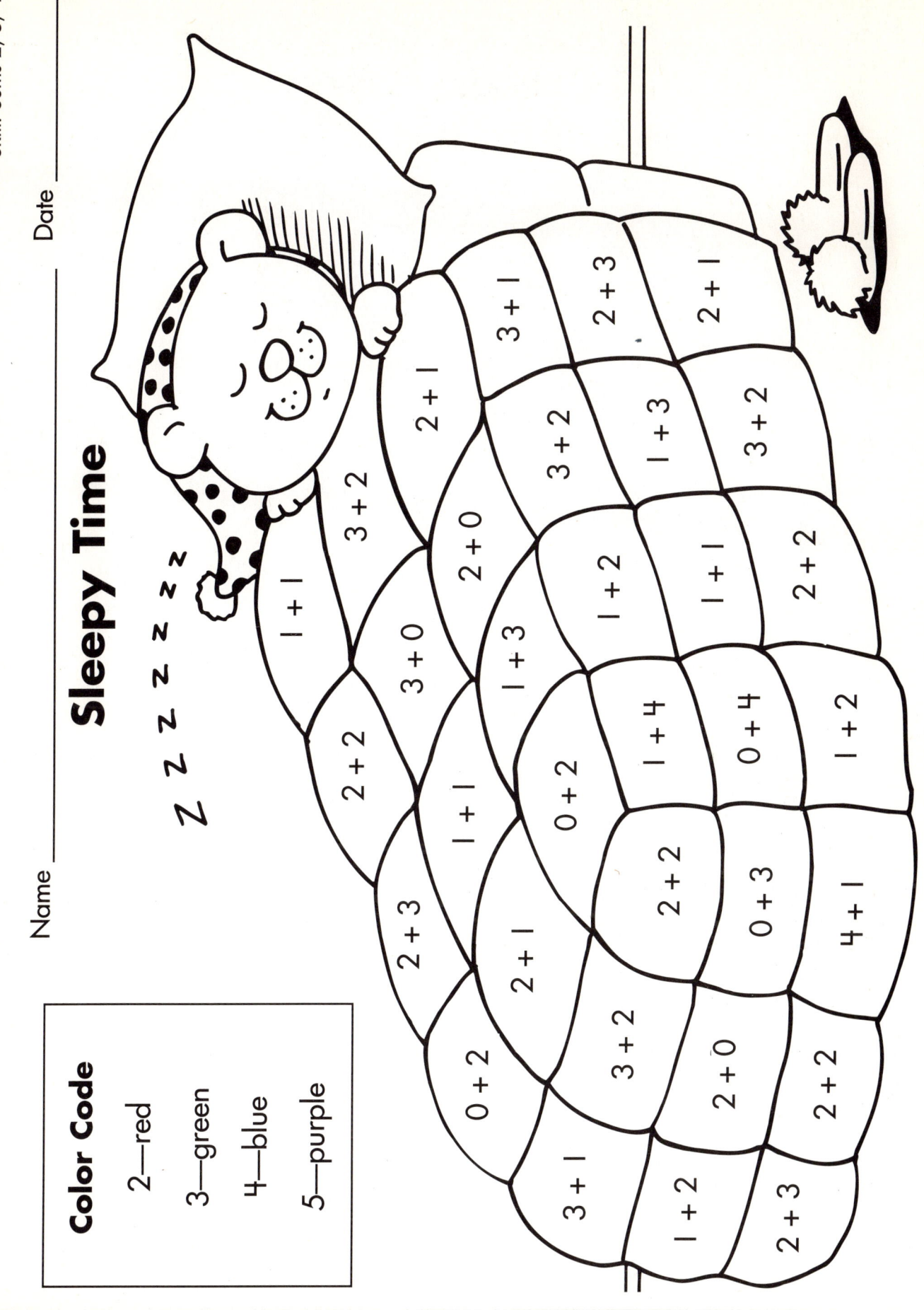

Skill: Sums 4, 5

Name _____ Date _____

Rocket Power

Color the rocket, clouds, and stars. Use the Color Code.

3 + 2

0 + 5

5 + 0

2 + 3

1 + 4

1 + 3

3 + 2

4 + 1

2 + 2

0 + 4

3 + 1

4 + 0

1 + 3

2 + 2

Color Code

4—blue

5—yellow

Aliens on the Move

Fill in the missing numbers.

1. 4 + 1   **2.** 2 + 1   **3.** 4 − 2   **4.** 3 − 1

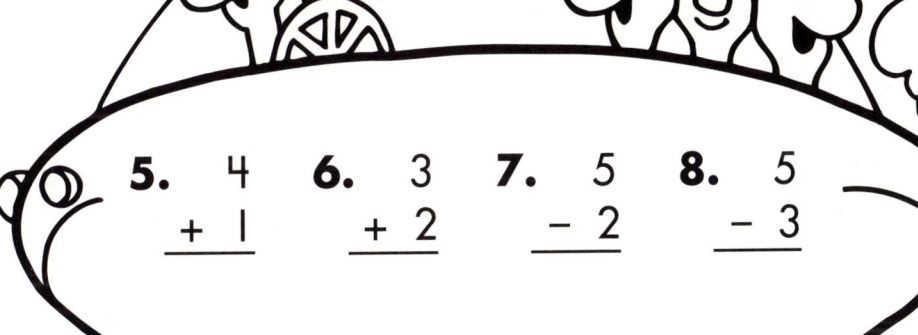

5. 4 + 1   **6.** 3 + 2   **7.** 5 − 2   **8.** 5 − 3

9. 5 + 0   **10.** 0 + 5   **11.** 5 − 0   **12.** 5 − 5

Skill: Addition to 6

Name _____ Date _____

Piggy Playtime

Add.

1. 1
   +5

2. 2
   +4

3. 6
   +0

4. 1
   +4

5. 3
   +3

6. 4
   +2

7. 0
   +5

8. 3
   +3

9. 4
   +1

10. 0
   +6

11. 5
   +1

12. 2
   +3

13. 5
   +0

14. 2
   +4

15. 3
   +2

Skill: Facts to 6

Name _____ Date _____

Catch a Snowflake

Add.

1.   6
  + 0

2.   4
  + 2

3.   3
  + 0

4.   4
  + 1

5.   0
  + 0

6.   2
  + 2

7.   2
  + 3

8.   1
  + 2

9.   5
  + 1

10.   3
  + 2

11.   3
  + 1

12.   0
  + 1

13.   3
  + 3

14.   5
  + 0

15.   0
  + 3

16.   0
  + 6

17.   1
  + 1

18.   1
  + 5

19.   2
  + 4

20.   0
  + 2

Skill: Sums to 5

Name _____ Date _____

A Beary Good Treat

Color the ice cream below. Use the Color Code.

Color Code

5—yellow

6—brown

Name _____ Date _____

Skill: Facts to 6

Add It Up!

Write a number sentence to match each group of animals.

1.

___ + ___ = ___

2.

___ + ___ = ___

3.

___ + ___ = ___

4.

___ + ___ = ___

5.

___ + ___ = ___

6.

___ + ___ = ___

Published by Frank Schaffer Publications. Copyright protected. 15 0-7682-3511-1 *Addition and Subtraction 1–10*

Skill: Families of 6

Name _____ Date _____

Cooking up Some Problems

Find the sum for each problem.

1. 0 + 6 = ___   2. 6 − 3 = ___   3. 4 + 2 = ___

4. 6 − 5 = ___   5. 5 + 1 = ___   6. 6 + 0 = ___

7. 2 + 4 = ___   8. 6 − 4 = ___   9. 6 − 3 = ___

10. 3 + 3 = ___   11. 6 − 6 = ___   12. 1 + 5 = ___

13. 6 − 6 = ___   14. 2 + 4 = ___   15. 6 − 4 = ___

16. 4 + 2 = ___   17. 6 − 2 = ___   18. 6 − 1 = ___

19. 5 + 1 = ___   20. 6 − 0 = ___

Skill: Facts to 6

Name _____ Date _____

Around the World

To find each difference, subtract the number in the middle ring from the number in the center. Write your answers in the outside ring.

Skill: Facts to 6

Name _____ Date _____

Car Crazy

Write each difference. Use the Color Code to color the picture.

Color Code
1—red 2—blue 3—yellow
4—green 5—black 6—orange

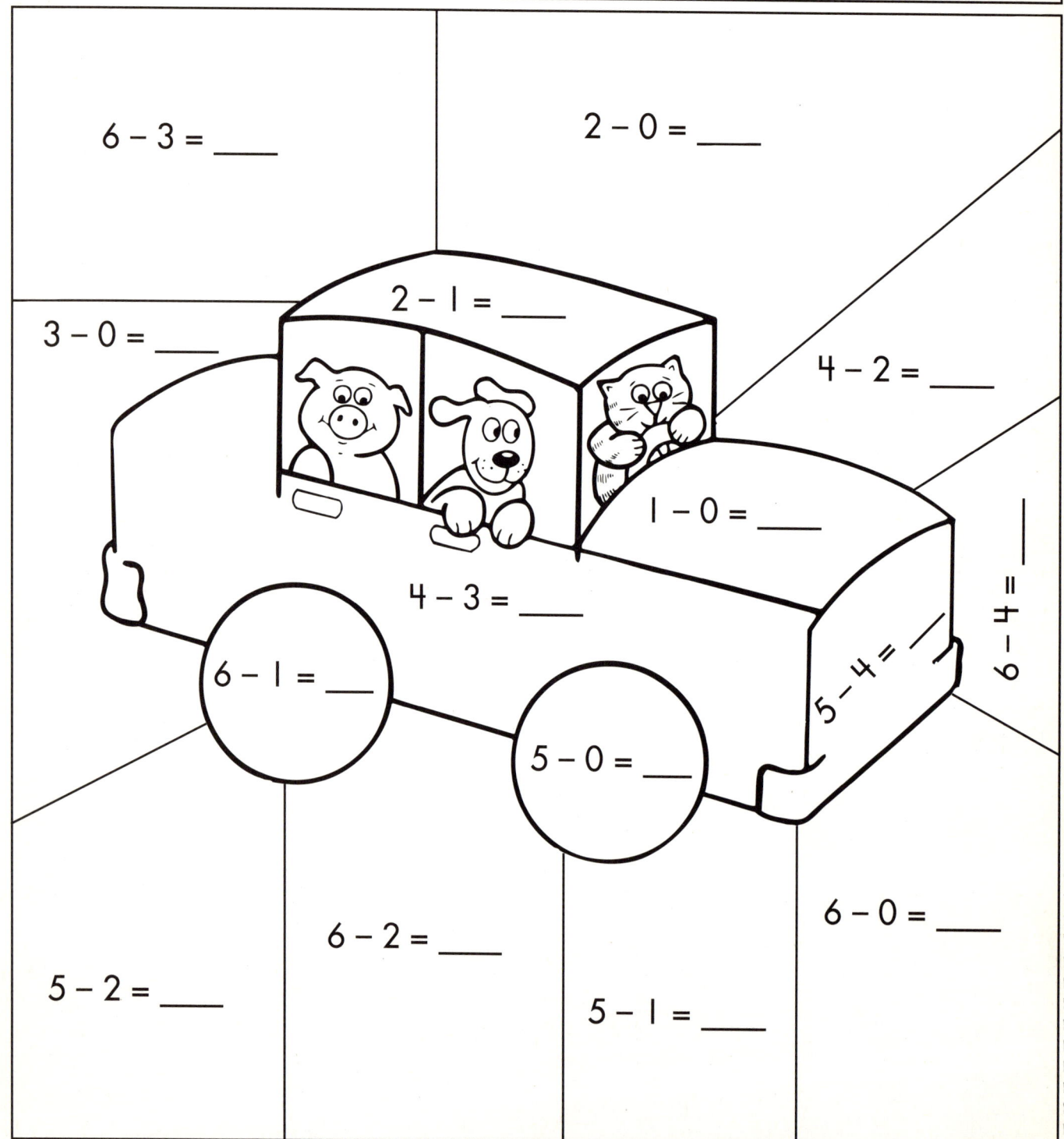

6 − 3 = ___

2 − 0 = ___

3 − 0 = ___

2 − 1 = ___

4 − 2 = ___

4 − 3 = ___

1 − 0 = ___

6 − 1 = ___

5 − 0 = ___

5 − 4 = ___

6 − 4 = ___

5 − 2 = ___

6 − 2 = ___

5 − 1 = ___

6 − 0 = ___

Published by Frank Schaffer Publications. Copyright protected. 0-7682-3511-1 Addition and Subtraction 1–10

Name _____ Date _____

Make Way for Ducklings

Add.

1. 1 + 6 = ___   2. 8 + 0 = ___   3. 4 + 1 = ___

4. 7 + 0 = ___   5. 2 + 4 = ___   6. 1 + 7 = ___

7. 3 + 2 = ___   8. 1 + 4 = ___   9. 0 + 5 = ___

10. 5 + 3 = ___   11. 4 + 2 = ___   12. 6 + 1 = ___

13. 3 + 4 = ___   14. 0 + 8 = ___   15. 6 + 2 = ___

16. 3 + 3 = ___   17. 3 + 5 = ___   18. 4 + 4 = ___

19. 1 + 5 = ___   20. 2 + 6 = ___

Skill: Sums 5 through 8

Skill: Addition to 7

Name _____ Date _____

Plenty of Pets

How many pets does each child have?

1. Sue has 1 cat and 4 fish.

__ + __

2. Joe has 2 mice and 5 fish.

__ + __

3. Peg has 1 dog and 3 mice.

__ + __

4. Jim has 4 dogs and 3 fish.

__ + __

5. Sam has 3 rats and 3 fish.

__ + __

6. Kim has 2 dogs and 2 cats.

__ + __

7. Bill has 3 frogs and 2 mice.

__ + __

8. Pat has 3 snakes and 3 birds.

__ + __

Skill: Sums 6, 7, 8

Name _____ Date _____

Dancing with Butterflies

Color the butterflies. Use the Color Code.

Color Code

6—yellow

7—orange

8—red

Skill: Facts to 8

Name _____ Date _____

Solve the Mystery I

Find the missing numbers.

1. 4 + ☐ = 6
2. 8 + ☐ = 8
3. 2 + ☐ = 2

4. 2 + ☐ = 8
5. 6 + ☐ = 6
6. 3 + ☐ = 7

7. 2 + ☐ = 7
8. 2 + ☐ = 6
9. 5 + ☐ = 8
10. 1 + ☐ = 7
11. 2 + ☐ = 3

12. 4 + ☐ = 5
13. 6 + ☐ = 8
14. 7 + ☐ = 7
15. 2 + ☐ = 4
16. 3 + ☐ = 5

17. 7 + ☐ = 8
18. 1 + ☐ = 2
19. 4 + ☐ = 4
20. 5 + ☐ = 7

Skill: Facts to 8

Name _____   Date _____

Leapin' Lizards

Start at 6. Count forward 2 spaces.

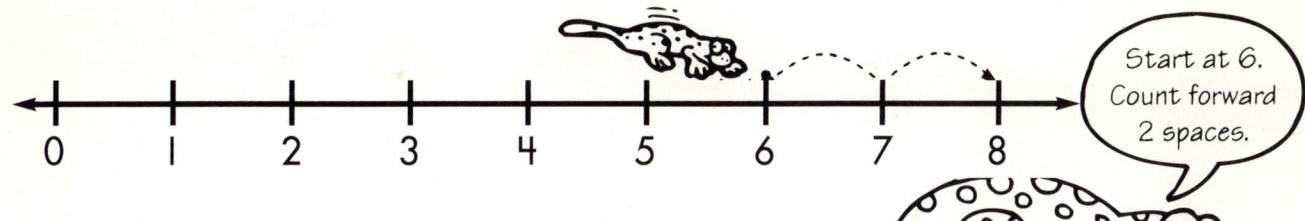

6 + 2 = __8__

Add. Use the number line to help you.

1. 7 + 1 = ___   **2.** 6 + 1 = ___

3. 6 + 2 = ___   **4.** 8 + 0 = ___   **5.** 5 + 3 = ___

6. 4 + 4 = ___   **7.** 3 + 3 = ___   **8.** 2 + 2 = ___

9. 0 + 2 = ___   **10.** 3 + 1 = ___   **11.** 5 + 1 = ___

12. 1 + 1 = ___   **13.** 2 + 6 = ___   **14.** 3 + 4 = ___

15. 0 + 3 = ___   **16.** 1 + 5 = ___   **17.** 3 + 2 = ___

18. 1 + 0 = ___   **19.** 7 + 0 = ___   **20.** 1 + 7 = ___

Skill: Sums to 8

Name _____ Date _____

Gear Up!

Add.

1. 6
   + 2
   ---

2. 5
   + 0
   ---

3. 5
   + 2
   ---

4. 8
   + 0
   ---

5. 3
   + 0
   ---

6. 5
   + 3
   ---

7. 6
   + 1
   ---

8. 7
   + 1
   ---

9. 4
   + 3
   ---

10. 5
   + 2
   ---

11. 1 + 6 = ___

12. 2 + 6 = ___

13. 0 + 7 = ___

14. 4 + 2 = ___

15. 2 + 0 = ___

16. 0 + 3 = ___

17. 3 + 4 = ___

18. 0 + 0 = ___

19. 0 + 4 = ___

20. 4 + 1 = ___

Name _____ Date _____

Countdown!

Subtract to find the difference.
Use the number line to count backwards.

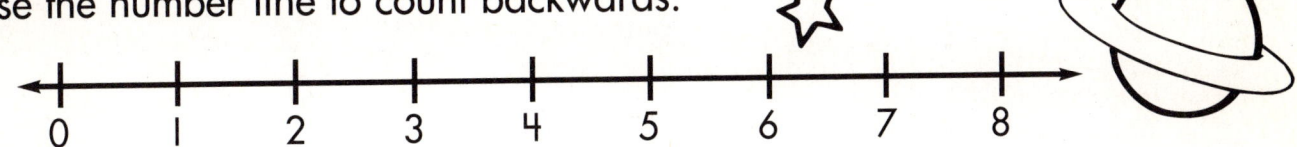

1. 8
  − 1

2. 5
  − 4

3. 7
  − 6

4. 2
  − 2

5. 8
  − 3

6. 6
  − 4

7. 4
  − 2

8. 8
  − 7

9. 7
  − 7

10. 4
  − 3

11. 7
  − 2

12. 7
  − 6

13. 6
  − 5

14. 7
  − 4

15. 6
  − 1

16. 8
  − 0

17. 8
  − 5

18. 6
  − 3

19. 8
  − 4

20. 8
  − 6

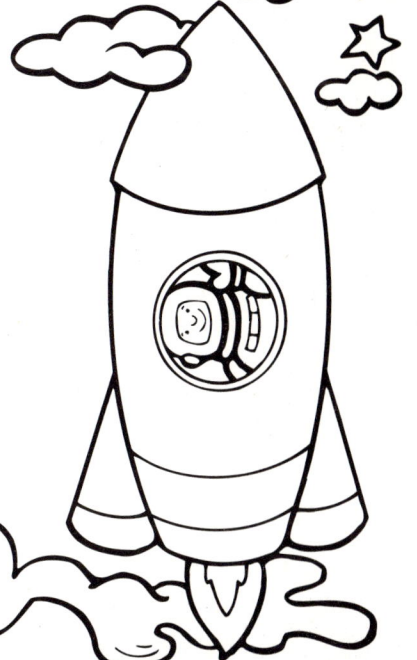

Skill: Facts to 6

Name _____ Date _____

Cookie Capers

Subtract to find the difference.

1. 6
   − 0

2. 5
   − 1

3. 4
   − 3

4. 3
   − 3

5. 4
   − 0

6. 3
   − 2

7. 5
   − 0

8. 6
   − 2

9. 5
   − 2

10. 4
    − 1

11. 3
    − 1

12. 4
    − 4

13. 6
    − 3

14. 0 − 0 = ___

15. 2 − 1 = ___

16. 5 − 3 = ___

17. 3 − 3 = ___

Published by Frank Schaffer Publications. Copyright protected.   26   0-7682-3511-1 Addition and Subtraction 1–10

Skill: Subtraction to 8

Name _____ Date _____

Turtle Time

Subtract.

1. 6
   − 1

2. 8
   − 2

3. 4
   − 0

4. 6
   − 3

5. 2
   − 2

6. 7
   − 6

7. 5
   − 3

8. 8
   − 3

9. 7
   − 5

10. 5
    − 4

11. 4
    − 2

12. 8
    − 4

13. 6
    − 2

14. 8
    − 1

15. 7
    − 4

Skill: Facts to 8

Name _____ Date _____

Birds of Paradise

Subtract to find the difference.

1. 8
   − 4

2. 6
   − 3

3. 7
   − 1

4. 3
   − 1

5. 8
   − 5

6. 8
   − 1

7. 2
   − 1

8. 6
   − 5

9. 7
   − 4

10. 8
    − 6

11. 5
   − 5

12. 7
   − 7

13. 6
   − 4

14. 7
   − 6

15. 8
   − 2

16. 7 − 5 = ___

17. 4 − 3 = ___

18. 8 − 7 = ___

19. 5 − 2 = ___

20. 4 − 1 = ___

Name _____ Date _____

Skill: Families of 8

Reels of Problems

Solve each problem. Find the sum or difference.

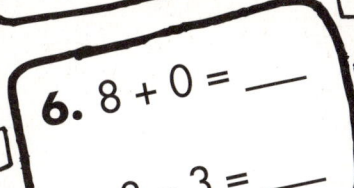

1. 8   1
   −2 +7

6. 8 + 0 = ___

   8 − 3 = ___

2. 0   8
   +8 −3

7. 5 + 3 = ___

   8 − 2 = ___

3. 8   2
   −7 +6

8. 8 − 8 = ___

   4 + 4 = ___

4. 7   8
   +1 −4

9. 8 − 6 = ___

   7 + 1 = ___

5. 8   6
   −5 +2

10. 8 − 0 = ___

    2 + 6 = ___

Skill: Addition to 10

Name _____ Date _____

Vincent's Vine

1. 8
   +2

2. 7
   +2

3. 10
   +0

4. 7
   +3

5. 6
   +4

6. 0
   +1

7. 6
   +3

8. 9
   +1

9. 8
   +1

10. 7
   +2

11. 6
   +4

12. 4
   +4

13. 3
   +4

14. 5
   +5

15. 6
   +3

16. 9
   +0

17. 2
   +8

18. 0
   +2

19. 4
   +3

20. 1
   +9

30

Published by Frank Schaffer Publications. Copyright protected.

0-7682-3511-1 Addition and Subtraction 1–10

Skill: Addition to 10

Name _____ Date _____

Rainy Day

Color the clouds below. Use the Color Code.

5 + 4   5 + 3   5 + 5   4 + 3

4 + 4   5 + 2   6 + 3   6 + 2

8 + 2   3 + 6   7 + 3   6 + 2

2 + 5   2 + 6   2 + 5   7 + 2

3 + 7   3 + 4   6 + 4

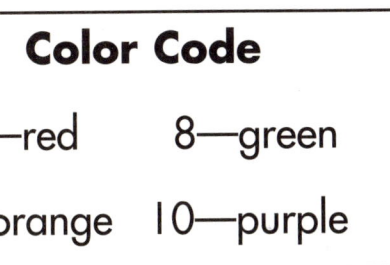

Color Code
7—red   8—green
9—orange 10—purple

Skill: Sums 8 through 10

Name _____ Date _____

Teddy Bears' Picnic

Add.

1. 8 + 1 = ___   **2.** 5 + 5 = ___   **3.** 1 + 8 = ___

4. 8 + 2 = ___   **5.** 4 + 5 = ___   **6.** 5 + 3 = ___

7. 3 + 6 = ___   **8.** 2 + 8 = ___   **9.** 1 + 7 = ___

10. 9 + 1 = ___   **11.** 7 + 2 = ___   **12.** 2 + 7 = ___

13. 3 + 5 = ___   **14.** 3 + 7 = ___   **15.** 8 + 1 = ___

16. 5 + 4 = ___   **17.** 7 + 1 = ___   **18.** 2 + 6 = ___

19. 0 + 9 = ___   **20.** 4 + 4 = ___

Skill: Sums, 6, 7, 8

Name _____ Date _____

Gobs of Gumballs

Color the gumballs. Use the Color Code.

Color Code

6—red

7—green

8—yellow

Published by Frank Schaffer Publications. Copyright protected.   33   0-7682-3511-1 Addition and Subtraction 1–10

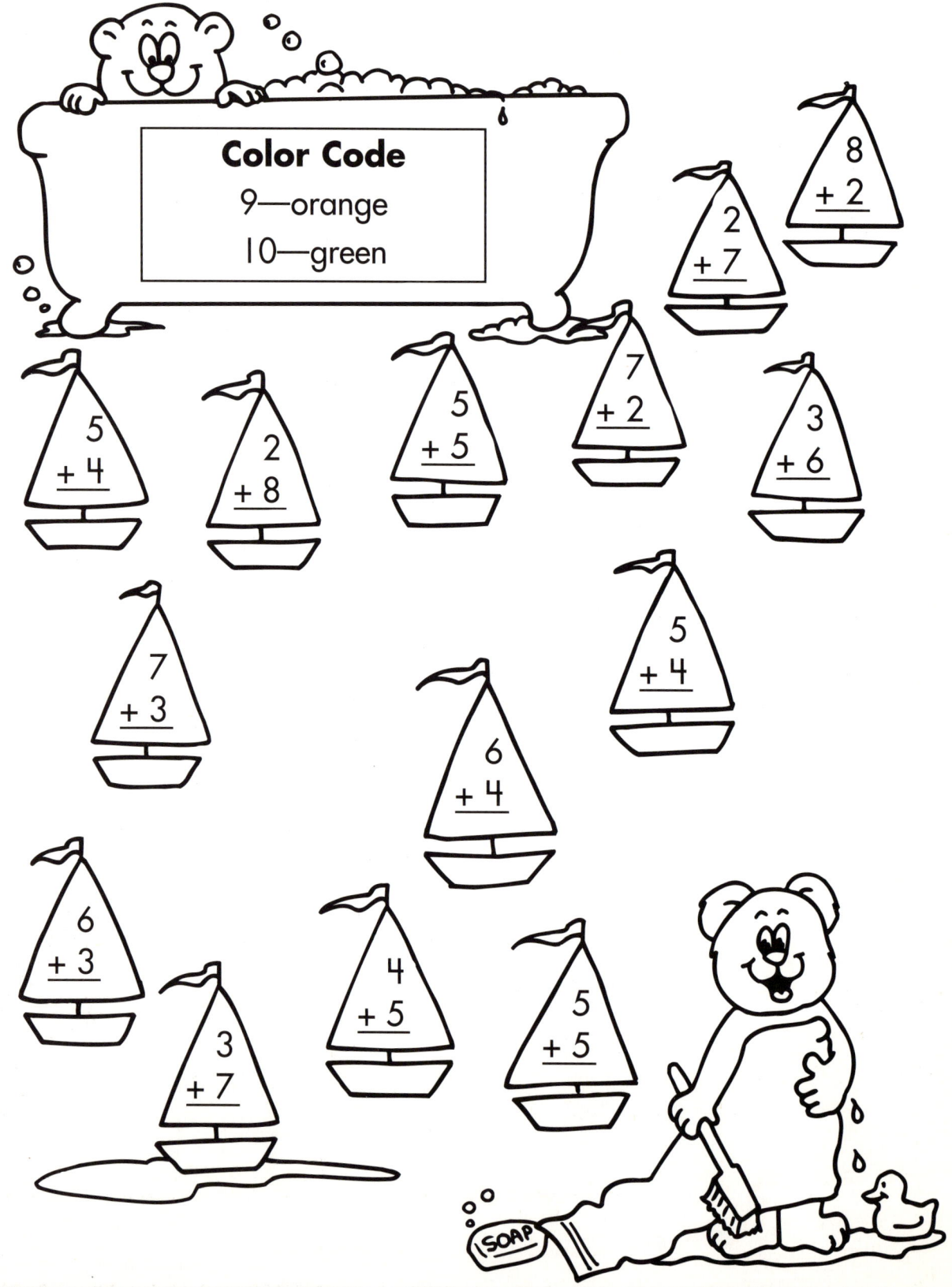

Skill: Addition to 10

Name _____ Date _____

Fruity Fun

Write a number sentence to go with each picture.

1.

____ + ____ = ____

2.

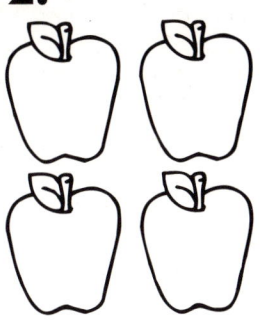

____ + ____ = ____

3.

____ + ____ = ____

4.

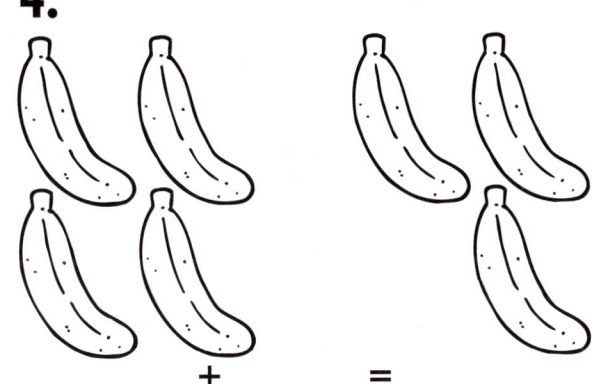

____ + ____ = ____

5.

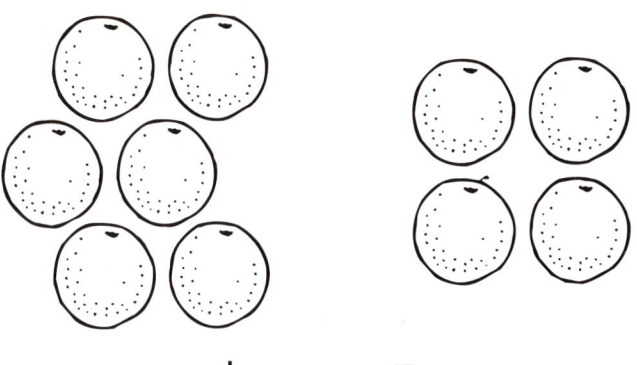

____ + ____ = ____

6.

____ + ____ = ____

Skill: Adding Three Numbers

Name _____ Date _____

Triple Treat

Add.

1.   2
     0
   +3
   ___

2.   4
     1
   +2
   ___

3.   3
     4
   +1
   ___

4.   1
     2
   +1
   ___

5.   5
     1
   +0
   ___

6.   1
     1
   +2
   ___

7.   0
     4
   +2
   ___

8.   6
     1
   +2
   ___

9.   2
     2
   +2
   ___

10.   1
     2
   +3
   ___

11.   3
     5
   +0
   ___

12.   3
     2
   +3
   ___

13.   0
     1
   +4
   ___

14.   3
     3
   +1
   ___

15.   2
     1
   +2
   ___

16.   4
     2
   +2
   ___

17.   6
     3
   +1
   ___

18.   2
     7
   +1
   ___

19.   8
     0
   +1
   ___

20.   5
     2
   +3
   ___

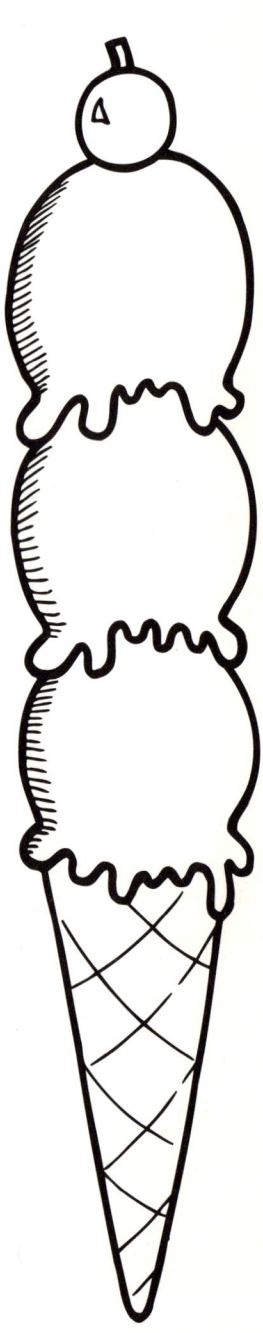

Monkey Mania

Use the number line to count forward. Write the sums.

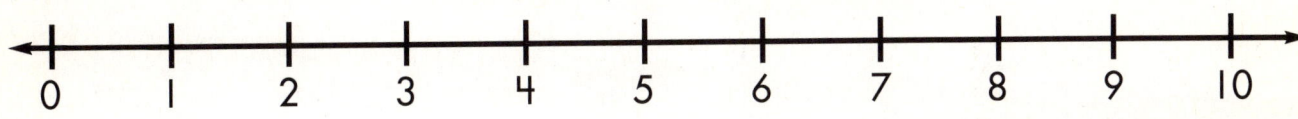

1. 6 + 2 = ___
2. 7 + 3 = ___
3. 6 + 3 = ___
4. 8 + 0 = ___
5. 4 + 5 = ___
6. 9 + 1 = ___
7. 4 + 3 = ___
8. 8 + 2 = ___
9. 3 + 2 = ___
10. 5 + 3 = ___
11. 5 + 0 = ___
12. 7 + 2 = ___
13. 5 + 1 = ___
14. 4 + 4 = ___
15. 2 + 2 = ___
16. 6 + 0 = ___
17. 10 + 0 = ___
18. 5 + 2 = ___

Name _____ Date _____

Skill: Sums to 10

Mystery Boxes

Find the missing numbers by adding.

1.
+	6	3
2	8	5
3	9	6

2.
+	4	5
3		
4		

3.
+	2	1
8		
3		

4.
+	2	5
5		
1		

5.
+	1	3
7		
5		

6.
+	3	6
4		
1		

7.
+	3	2
0		
7		

8.
+	1	9
1		
0		

9.
+	0	3
6		
2		

10.
+	5	6
0		
3		

11.
+	8	7
2		
0		

12.
+	2	4
2		
6		

Published by Frank Schaffer Publications. Copyright protected.   0-7682-3511-1 Addition and Subtraction 1–10

Name _____ Date _____

Dino Mania

Subtract.

1. 8
   − 0
   ───

2. 7
   − 6
   ───

3. 5
   − 3
   ───

4. 2
   − 1
   ───

5. 8
   − 3
   ───

6. 7
   − 4
   ───

7. 6
   − 3
   ───

8. 0
   − 0
   ───

9. 5
   − 4
   ───

10. 8
   − 4
   ───

11. 8
   − 7
   ───

12. 7
   − 5
   ───

13. 4
   − 3
   ───

14. 2
   − 2
   ───

15. 6
   − 5
   ───

16. 1
   − 1
   ───

17. 6
   − 4
   ───

18. 8
   − 6
   ───

19. 7
   − 2
   ───

20. 8
   − 5
   ───

Name _____

Skill: Subtraction to 10

Date _____

Aliens!

Color this outer space scene. Use the Color Code.

Color Key
5—red
4—green
3—yellow
2—blue

Don't look now...

Aliens with problems: 8−6, 8−3, 10−6, 7−3, 7−2, 9−4, 8−3, 7−5, 7−4, 8−5, 10−5, 8−4, 9−7, 9−5, 8−5, 10−8, 10−5, 7−3

Skill: Subtraction to 10

Name _____ Date _____

Just the Facts

Subtract to find the difference.

1.
9 −	6	2	3	8
	3	7		

2.
4 −	3	1	2	0

3.
8 −	7	6	4	3

4.
10 −	0	9	6	5

5.
6 −	2	1	0	5

6.
7 −	5	4	6	2

Name _____ Date _____

Skill: Facts to 10

Solve the Mystery II

Find the missing numbers.
Use the number line to help you.

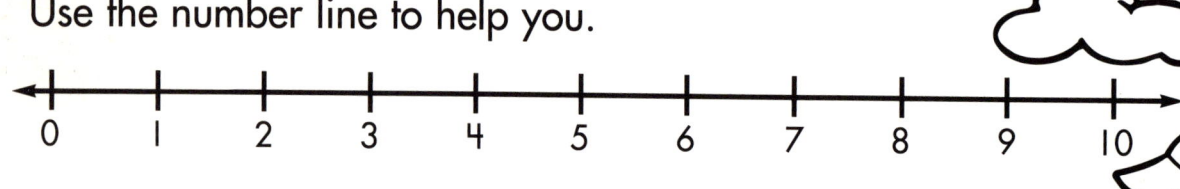

1. $8 - 4 = 6 - \bigcirc{2}$
   ↓   ↓
   __4__ = __4__

2. $8 - 0 = \bigcirc - 2$
   ↓   ↓
   __8__ = __8__

3. $10 - \bigcirc = 6 - 3$
   ↓   ↓
   __3__ = __3__

4. $4 - 2 = \bigcirc - 5$
   ↓   ↓
   __2__ = __2__

5. $5 - 4 = \bigcirc - 5$
   ↓   ↓
   __1__ = __1__

6. $\bigcirc - 5 = 8 - 3$
   ↓   ↓
   __5__ = __5__

7. $9 - 5 = \bigcirc - 6$
   ↓   ↓
   __4__ = __4__

Name _____ Date _____

Skill: Subtraction to 10

Tia's Tuba

Subtract.

1. 3 − 2 = ___
2. 5 − 4 = ___
3. 9 − 3 = ___

4. 8 − 2 = ___
5. 2 − 2 = ___
6. 5 − 1 = ___

7. 4 − 3 = ___
8. 8 − 7 = ___
9. 7 − 5 = ___

10. 0 − 0 = ___
11. 2 − 1 = ___
12. 9 − 7 = ___

13. 5 − 5 = ___
14. 6 − 3 = ___
15. 8 − 1 = ___

16. 4 − 1 = ___
17. 10 − 1 = ___
18. 10 − 10 = ___

Published by Frank Schaffer Publications. Copyright protected.   0-7682-3511-1 Addition and Subtraction 1–10

Name _____   Date _____

Skill: Families of 9

Up, Up, and Away!

1. 0
  + 9

2. 9
  − 3

3. 2
  + 7

4. 9
  − 9

5. 1
  + 8

6. 9
  − 2

7. 9
  − 0

8. 9
  − 5

9. 9
  − 8

10. 7
  + 2

11. 5
  + 4

12. 9
  − 7

13. 6
  + 3

14. 9
  − 6

15. 9
  + 0

16. 9
  − 6

17. 7
  − 2

18. 3
  + 6

Skill: Families of 10

Name _____ Date _____

Painting Problems

Fill in the missing numbers.

1. 2
   + 8

2. 0
   +10

3. 10
   − 1

4. 3
   + 7

5. 5
   + 5

6. 10
   − 4

7. 1
   + 9

8. 10
   − 8

9. 10 − 7 = ___
10. 10 − 10 = ___
11. 4 + 6 = ___
12. 10 − 5 = ___
13. 10 − 6 = ___
14. 9 + 1 = ___

15. 8 + 2 = ___
16. 10 − 5 = ___
17. 7 + 3 = ___
18. 10 + 0 = ___
19. 2 + 8 = ___
20. 10 − 2 = ___

Answer Key

page 3
Page will have 3 red, 4 green, and 5 yellow bugs.

page 4
1. 4
2. 2
3. 4
4. 3
5. 1
6. 2
7. 4
8. 0
9. 3
10. 3
11. 3
12. 1
13. 4
14. 4
15. 2

page 5
1. 4
2. 2
3. 4
4. 1
5. 1
6. 2
7. 2
8. 0
9. 3
10. 3
11. 4
12. 4
13. 4
14. 4
15. 2
16. 3

page 6
1. 2 − 1 = 1
2. 3 − 2 = 1
3. 4 − 1 = 3
4. 1 − 1 = 0

page 7
1. 3
2. 1
3. 2
4. 2
5. 1
6. 2
7. 0
8. 0
9. 1
10. 0
11. 3
12. 0
13. 1
14. 4
15. 0

page 8
1. 5
2. 4
3. 5
4. 5
5. 4
6. 3
7. 5
8. 2
9. 4
10. 3
11. 1
12. 5
13. 0
14. 5
15. 5
16. 4

page 9
Quilt will show 7 red, 8 green, 9 blue, and 9 purple quilt squares.

page 10
Picture will show a blue rocket, blue clouds, and yellow stars.

page 11
1. 5
2. 3
3. 2
4. 2
5. 5
6. 5
7. 3
8. 2
9. 5
10. 5
11. 5
12. 0

page 12
1. 6
2. 6
3. 6
4. 5
5. 6
6. 6
7. 5
8. 6
9. 5
10. 6
11. 6
12. 5
13. 5
14. 6
15. 5

page 13
1. 6
2. 6
3. 3
4. 5
5. 0
6. 4
7. 5
8. 3
9. 6
10. 5
11. 4
12. 1
13. 6
14. 5
15. 3
16. 6
17. 2
18. 6
19. 6
20. 2

page 14
Ice cream shows 1 brown cone, 6 yellow scoops, and 6 brown scoops.

page 15
1. 3 + 3 = 6
2. 2 + 2 = 4
3. 3 + 1 = 4
4. 4 + 2 = 6
5. 6 + 0 = 6
6. 3 + 2 = 5

page 16
1. 6
2. 3
3. 6
4. 1
5. 6
6. 6
7. 6
8. 2
9. 3
10. 6
11. 0
12. 6
13. 0
14. 6
15. 2
16. 6
17. 4
18. 5
19. 6
20. 6

page 17
Answers are given clockwise, starting with 12:00.
1. 6, 1, 4, 5
2. 2, 2, 1, 0
3. 4, 2, 3, 1
4. 1, 3, 3, 2
5. 2, 1, 2, 0

page 18
Car will be red, wheels will be black, and background clockwise from 12:00 will be blue, blue, blue, orange, green, green, yellow, yellow, and yellow.

page 19
1. 7
2. 8
3. 5
4. 7
5. 6
6. 8
7. 5
8. 5
9. 5
10. 8
11. 6
12. 7
13. 7
14. 8
15. 8
16. 6
17. 8
18. 8
19. 6
20. 8

Answer Key

page 20
1. 1 + 4 = 5
2. 2 + 5 = 7
3. 1 + 3 = 4
4. 4 + 3 = 7
5. 3 + 3 = 6
6. 2 + 2 = 4
7. 3 + 2 = 5
8. 3 + 3 = 6

page 21
Picture will have 3 yellow, 5 orange, and 5 red butterflies.

page 22
1. 2
2. 0
3. 0
4. 6
5. 0
6. 4
7. 5
8. 4
9. 3
10. 6
11. 1
12. 1
13. 2
14. 0
15. 2
16. 2
17. 1
18. 1
19. 0
20. 2

page 23
1. 8
2. 7
3. 8
4. 8
5. 8
6. 8
7. 6
8. 4
9. 2
10. 4
11. 6
12. 2
13. 8
14. 7
15. 3
16. 6
17. 5
18. 1
19. 7
20. 8

page 24
1. 8
2. 5
3. 7
4. 8
5. 3
6. 8
7. 7
8. 8
9. 7
10. 7
11. 7
12. 8
13. 7
14. 6
15. 2
16. 3
17. 7
18. 0
19. 4
20. 5

page 25
1. 7
2. 1
3. 1
4. 0
5. 5
6. 2
7. 2
8. 1
9. 0
10. 1
11. 5
12. 1
13. 1
14. 3
15. 5
16. 8
17. 3
18. 3
19. 4
20. 2

page 26
1. 6
2. 4
3. 1
4. 0
5. 4
6. 1
7. 5
8. 4
9. 3
10. 3
11. 2
12. 0
13. 3
14. 0
15. 1
16. 2
17. 0

page 27
1. 5
2. 6
3. 4
4. 3
5. 0
6. 1
7. 2
8. 5
9. 2
10. 1
11. 2
12. 4
13. 4
14. 7
15. 3

page 28
1. 4
2. 3
3. 6
4. 2
5. 3
6. 7
7. 1
8. 1
9. 3
10. 2
11. 0
12. 0
13. 2
14. 1
15. 6
16. 2
17. 1
18. 1
19. 3
20. 3

page 29
1. 6, 8
2. 8, 5
3. 1, 8
4. 8, 4
5. 3, 8
6. 8, 5
7. 8, 6
8. 0, 8
9. 2, 8
10. 8, 8

page 30
1. 10
2. 9
3. 10
4. 10
5. 10
6. 1
7. 9
8. 10
9. 9
10. 9
11. 10
12. 8
13. 7
14. 10
15. 9
16. 9
17. 10
18. 2
19. 7
20. 10

page 31
Picture will have 5 red, 4 green, 4 orange, and 5 purple clouds.

page 32
1. 9
2. 10
3. 9
4. 10
5. 9
6. 8
7. 9
8. 10
9. 8
10. 10
11. 9
12. 9
13. 8
14. 10
15. 9
16. 9
17. 8
18. 8
19. 9
20. 8

page 33
Picture will show 12 red, 14 green, and 12 yellow gumballs.

page 34
Seven sailboats are orange and 7 sailboats are green.

page 35
1. 2 + 1 = 3
2. 4 + 0 = 4
3. 2 + 1 = 3
4. 4 + 3 = 7
5. 6 + 4 = 10
6. 4 + 5 = 9

Answer Key

page 36
1. 5
2. 7
3. 8
4. 4
5. 6
6. 4
7. 6
8. 9
9. 6
10. 6
11. 8
12. 8
13. 5
14. 7
15. 5
16. 8
17. 10
18. 10
19. 9
20. 10

page 37
1. 8
2. 10
3. 9
4. 8
5. 9
6. 10
7. 7
8. 10
9. 5
10. 8
11. 5
12. 9
13. 6
14. 8
15. 4
16. 6
17. 10
18. 7

page 38

1.
+	6	3
2	8	5
3	9	6

2.
+	4	5
3	7	8
4	8	9

3.
+	2	1
8	10	9
3	5	4

4.
+	2	5
5	7	10
1	3	6

5.
+	1	3
7	8	10
5	6	8

6.
+	3	6
4	7	10
1	4	7

7.
+	3	2
0	3	2
7	10	9

8.
+	1	9
1	2	10
0	1	9

9.
+	0	3
6	6	9
2	2	5

10.
+	5	6
0	5	6
3	8	9

11.
+	8	7
2	10	9
0	8	7

12.
+	2	4
2	4	6
6	8	10

page 39
1. 8
2. 1
3. 2
4. 1
5. 5
6. 3
7. 3
8. 0
9. 1
10. 4
11. 1
12. 2
13. 1
14. 0
15. 1
16. 0
17. 2
18. 2
19. 5
20. 3

page 40
Picture shows 5 green, 4 blue, 3 yellow, and 6 red aliens.

page 41
1. 3, 7, 6, 1
2. 1, 3, 2, 4
3. 1, 2, 4, 5
4. 10, 1, 4, 5
5. 4, 5, 6, 1
6. 2, 3, 1, 5

page 42
1. 2
2. 10
3. 7
4. 7
5. 6
6. 10
7. 10

page 43
1. 1
2. 1
3. 6
4. 6
5. 0
6. 4
7. 1
8. 1
9. 2
10. 0
11. 1
12. 2
13. 0
14. 3
15. 7
16. 3
17. 9
18. 0

page 44
1. 9
2. 6
3. 9
4. 0
5. 9
6. 7
7. 9
8. 4
9. 1
10. 9
11. 9
12. 2
13. 9
14. 3
15. 9
16. 3
17. 5
18. 9

page 45
1. 10
2. 10
3. 9
4. 10
5. 10
6. 6
7. 10
8. 2
9. 3
10. 0
11. 10
12. 10
13. 4
14. 10
15. 10
16. 5
17. 10
18. 10
19. 10
20. 8